MARÉCHALE BAZAINE

AYMAR DE FLAGY

MARÉCHALE BAZAINE

« *Elle craint Dieu et*
n'a pas d'autre crainte. »

PARIS

LACHAUD et BURDIN

LIBRAIRES-ÉDITEURS

4, *Place du Théâtre-Français*, 4

—

1874

MARÉCHALE BAZAINE

Josefa de la Peña est de haute origine espagnole ; elle est nièce des généraux de Barragan et de Pedroza, tous deux présidents du Mexique, du cardinal Moreno, du comte de la Serna, chancelier de la Toison d'Or, et de don José de Fuentès.

Elle n'avait pas encore dix-sept ans lorsqu'elle épousa le maréchal Bazaine, et il en avait cinquante-quatre. En faisant ce mariage, elle ne céda à aucun calcul ambitieux ; elle suivit simplement l'impulsion de son cœur et de sa jeune imagination. La glorieuse renommée du vaillant soldat français l'avait éblouie, et quand l'homme qui tenait alors dans ses mains les destinées du Mexique lui adressa pour la première fois la parole, elle fut fascinée, et une tendresse passionnée vint bientôt se joindre à l'admiration qu'il lui inspirait. Elle lui donna sa main sans hésiter, et jamais fiancée ne fut ni plus confiante, ni plus radieuse ! Elle ne regrettait ni sa patrie, ni sa famille ; le maréchal devait tout remplacer ! Elle enferma sa vie, qui commençait à peine, dans cette existence parvenue à son apogée, et elle répondit à sa mère, effrayée de la disproportion d'âge, inquiète de l'avenir : « Je connais « mes devoirs et je saurai les remplir toujours. »

Elle est mariée depuis dix ans, et le souffle, ordinairement si perfide de l'adversité, n'a changé, comme on le sait, ni ses sentiments, si ses convictions. Après trois années de retraite et d'abnégation absolue, elle s'est révélée au monde entier par un acte de dévouement et d'héroïsme accompli comme un simple devoir !

L'Empereur Maximilien donna pour dot à la maréchale un palais situé à Mexico, qui valait environ cent mille piastres — cinq cents mille francs. — C'était sa seule fortune, et il lui a été repris par Juarès à la mort de Maximilien.

Tant que dura l'occupation du Mexique, le maréchal Bazaine et sa femme vécurent dans l'intimité la plus constante avec l'Empereur et l'Impératrice. Ils passaient toutes leurs soirées au palais impérial, et Maximilien, qui aimait passionnément à walser, walsait chaque soir avec l'Impératrice et avec la petite maréchale.

Le maréchal Bazaine eût un fils dont l'Empereur et l'Impératrice du Mexique furent parrain et marraine. Cet enfant, qui portait le nom de Maximilien, naquit à Mexico, et mourut à Paris, à l'âge de trois ans.

Jusqu'à sa mort, l'Impératrice Charlotte est restée en relations avec la maréchale Bazaine, et les lettres suivantes sont un démenti formel adressé à ceux qui accusent le maréchal de n'avoir pas loyalement accompli sa mission au Mexique :

« Laeken, 23 mars 1868.

« Ma chère Maréchale,

« J'ai vu par l'expression des sentiments que vous me mani-
« festez dans votre lettre, que vous vous associez à l'immense
« douleur qui remplit mon âme, et je veux vous dire toute ma
« gratitude. Quant à moi, j'ai toujours pris un vif intérêt à tout
« ce qui vous touche, depuis le jour où j'ai vu commencer
« votre félicité d'épouse au pied de l'autel.

« Je suis heureuse d'apprendre que votre fils aîné, mon filleul,
« se développe, et que vous en avez eu un autre.

« J'espère que la divine Providence vous conservera tous les
« bonheurs dont vous jouissez, et les augmentera même, si c'est
« possible.

« Votre affectionnée,

« Charlotte. »

————

« Laeken, 18 juin, 1868.

« Ma chère Maréchale,

« J'ai reçu avec plaisir et entière satisfaction vos deux der-
«.nières et affectueuses lettres; mes bons souvenirs au maréchal
« et à votre mère.

« Je suis très touchée du service funèbre que vous devez faire
« faire demain pour mon Empereur adoré, dans la chapelle où
« reposent ses chevaleresques ancêtres, parmi lesquels un grand
« nombre combattirent et versèrent leur sang pour la France.

« Dites au maréchal que mes prières s'uniront avec les vôtres.
« Je vous envoie une médaille de la très-sainte Vierge, pour
« mon filleul; vous la lui remettrez au nom de sa marraine;
« elle a été bénie par le Saint-Père.

« Je reste avec une constante amitié, ma chère maréchale;

« Votre affectionnée,

« Charlotte. »

A son arrivée en France, la maréchale avait eu un
second fils, Achille Bazaine, qui a partagé pendant
près de trois ans la captivité de son père. Au moment
de la naissance de cet enfant, elle apprit la mort de
l'Empereur Maximilien par une imprudence de la
garde qui, tout en veillant près d'elle, laissa, malgré les
recommandations du maréchal, un journal à sa portée.
Elle eût une crise nerveuse qui mît sa vie en danger.

On donna bientôt à Bazaine le commandement

des départements de l'Est. Sous prétexte de la soi-disant trahison du Mexique, il se vit en butte à une étroite et provinciale malveillance qui s'exerçait surtout, sourdement et lâchement, contre la charmante petite maréchale, à laquelle on cherchait, par tous les moyens possibles, à rendre le séjour de la Lorraine désagréable. Elle s'en aperçut bien vite, mais elle ne témoigna jamais le moindre ressentiment contre ceux qui lui étaient hostiles ; les petits procédés et les attaques vulgaires glissaient sur son esprit comme la pluie glisse sur les plumes d'un cygne ; elle s'étonnait seulement que cette animosité partît de ce qu'on appelle *la haute société*, et elle disait : « L'intelligence manque à « ces gens, beaucoup plus que la bonté. »

Un jour elle se promenait avec une amie qui n'était pas de la localité, mais qui en connaissait les habitants. Deux femmes et un homme passèrent près de la maréchale en la toisant avec une insolence inouïe.

— Ce sont probablement des grands chevaux de Lorraine ? dit-elle en riant.

— Non, lui répondit son amie, se sont tout simplement les ânes du pays.

La petite maréchale profita de son séjour à Nancy pour compléter son éducation ; déjà très-instruite, elle reprit le cours des études interrompues par son mariage, et elle vécut entre sa mère, son mari, ses enfants et deux ou trois amis. Toujours occupée, toujours active, toujours gaie, le sourire était sur ses lèvres, et la joie dans son cœur ! Elle faisait de longues promenades à cheval dans les belles forêts qui entourent Nancy ; sa beauté se développait, et chaque jour elle devenait plus femme et plus française.

Mais il est temps de peindre cette enfant du Mexique

qui est venue, par un hasard étrange, par un coup de
la fortune et par un coup de l'adversité, prendre sa
place dans l'histoire de notre pays.

*
* *

Elle a aujourd'hui vingt-six ans. C'est une plante
européenne qui a grandi sous les tropiques ; il y a en
elle le mélange du type espagnol, de la vivacité française et de cette indéfinissable empreinte des races nou-
velles, empreinte qu'elle tient de sa mère complétement
mexicaine. Les lignes de son visage sont pures et cor-
rectes ; son teint est d'une blancheur mate ; l'expression
de ses grands yeux noirs a, tour à tour, une énergique
puissance et une douceur caressante ; ses cheveux
noirs, souples et soyeux, se soulèvent et frisent comme
les cheveux d'un enfant ; sa voix a un timbre harmo-
nieux, et, quand elle rit, ses petites dents blanches
semblent rire aussi et défier le malheur de l'atteindre
jamais. Sa taille est élégante ; ses mouvements gra-
cieux comme ceux d'un jeune chat ; ses mains petites
et potelées, et ses pieds imperceptibles.

Ce qui domine en elle, et ce qu'exprime avant tout
son regard, c'est la pureté et la force de son âme.
Un tact inné la préserve de toutes ces petites fautes
involontaires et insignifiantes en apparence, que les
femmes les plus honnêtes commettent souvent, sans
même s'en apercevoir. Elle a une façon particulière
de se poser qui impose à tous la réserve et le respect.
Cependant elle est cordiale, enjouée, et également
affectueuse avec les hommes et avec les femmes ; mais
elle sait donner à chacun la part qui lui revient, tout
en se faisant rendre à elle-même ce qui lui est dû. Elle
parle et agit au milieu d'un rayonnement de loyauté et
de vertu qui s'ignore, qui n'est pas même le fruit de sa

piété fervente, mais simplement le résultat et la person-
nification de sa nature.

Au mois d'octobre 1869, la maréchale eut une fille,
Eugénie, dont l'Empereur Napoléon fut parrain, et
l'Impératrice marraine.

Peu de jours après, le maréchal quitta Nancy pour
prendre le commandement de la Garde impériale, et la
petite maréchale prit sa place à la cour, où on ne l'a-
vait encore qu'entrevue.

Depuis lors, on sait ce qui est advenu, et son qua-
trième enfant vint au monde en Allemagne. Le maréchal, nous annonçant sa naissance, commençait ainsi
sa lettre : « Les Prussiens ont un prisonnier de plus... »

Ce prisonnier est filleul de la reine Isabelle de Bourbon et de son fils le prince Alphonse.

Quand, au mois d'avril 1872, le maréchal fut enfermé dans la maison de l'avenue de Picardie, la petite
maréchale comprit qu'une femme de vingt-quatre ans
ne pouvait pas rester seule dans une pareille situation
sans être effleurée par la calomnie, et elle alla s'enfer-
mer dans un couvent à Versailles. Il faut l'avoir suivie
pas à pas pour comprendre ce que cette réclusion exi-
geait de renoncement à soi-même et de courageuse persévérance.

Chaque matin, en hiver, elle se levait avant le jour,
pour assister, à sept heures, à la seule messe qui fut
dite dans le couvent. Sous aucun prétexte elle ne voulait y manquer. Elle travaillait, lisait et s'occupait
ensuite de ses enfants. A midi, elle pénétrait comme
un rayon de soleil entre les barreaux de la prison. A
quatre heures, elle recevait l'ordre de quitter son mari,
rentrait à son couvent, dînait seule, passait la soirée seule,
et chaque jour ressemblait à la veille et au lendemain.

A côté de la pure et noble figure de la maréchale Bazaine, celle de son fils aîné doit trouver sa place. Achille, ou plutôt Pacco, car on lui donne ordinairement ce nom, avait cinq ans quand le maréchal quitta son petit hôtel de l'avenue d'Iéna pour entrer dans la prison de Versailles. L'enfant se jeta au cou de son père, disant qu'il ne le quitterait pas, et il mit tant de persévérance dans la poursuite de son désir que le maréchal demanda et obtint l'autorisation de lui faire partager sa captivité.

Pacco, habitué aux soins de sa mère, à ceux de sa gouvernante et de plusieurs bonnes, sût, du jour au lendemain, se servir lui-même. Certes, la tendresse du maréchal pour son fils pouvait remplacer toute autre tendresse, mais le prisonnier n'était pas toujours maître de l'emploi de son temps, et jamais son petit compagnon ne fut pour lui ni un souci, ni une entrave. L'enfant accepta le régime alimentaire, qui était loin d'être succulent; pas une plainte ne sortit de ses lèvres, et jamais il ne parût même s'apercevoir qu'il y eût changement dans son existence.

Quand il ne pouvait pas rester près de son père, il allait au poste; les soldats, qui l'adoraient, lui faisaient faire l'exercice; puis ils se mettaient tous en rang et ils lui apprenaient aussi à commander. Leurs soins et leur respect pour lui avaient quelque chose de touchant.

Le maréchal et ses amis parlaient de tout sans contrainte devant lui, et toutes les éventualités étaient, d'avance, admises par le prisonnier. L'enfant écoutait et comprenait tout. Un jour du mois de février 1873, il vit son père qui, debout, près d'une fenêtre, regardait le ciel sombre; il poussa une chaise près de lui, grimpa dessus, et dit au maréchal en l'embrassant

« Papa, quand tu seras fusillé j'irai au ciel avec toi.
« Tiens, voilà un joli petit coin bleu entre deux nua-
« ges, nous entrerons tous les deux par là. »

Le maréchal lui donnait des leçons d'armes ; il sait
se mettre réglementairement en garde, et pare avec
un incroyable sang-froid. « Quand je serai grand, dit-il,
« je me battrai avec tous ceux qui ont accusé papa. »

Jamais il ne voulut sortir un seul jour de prison. Il
s'imaginait qu'on ferait disparaître son père en son
absence, et quand il voyait entrer un inconnu, il lui
jetait un regard de défi, et se campait fièrement devant
le maréchal.

La reine Isabelle de Bourbon l'avait invité à une
matinée donnée par les Infantes ; il se laissa habiller,
mais, au moment de partir, il déclara qu'il n'irait pas
chez la Reine sans son père. On insista inutilement, en
lui promettant qu'il reviendrait le soir même de Paris
à Versailles, et en lui disant que la Reine lui donnerait
de beaux jouets : « Elle n'a qu'à me les envoyer, ré-
« pondit-il, je n'irai pas les chercher. » Et en un clin
d'œil, il se déshabilla de la tête aux pieds.

*
* *

Revenons à la maréchale ; elle est dans son couvent
de Versailles ; depuis longtemps, le maréchal ne reçoit
plus ses appointements qui étaient son seul revenu ;
son hôtel, qu'il a fait bâtir sur ses économies, n'est pas
complétement payé ; il ne peut pas même le vendre ;
Mme de la Peña, sa belle-mère, est retenue au Mexique
près d'une tante mourante, et, d'ailleurs, sa fortune est
très-restreinte. Celui qu'on accusait d'avoir vendu
l'Empire du Mexique et d'avoir rapporté en Europe
des tonnes pleines d'or, voit bientôt ses dernières

ressources s'épuiser, et les inquiétudes du chef de famille viennent se joindre aux tortures du soldat.

Alors, la petite maréchale vend ses bijoux : une magnifique parure en émeraudes et diamants, présent de l'Impératrice Eugénie ; un collier de perles, souvenir de l'Impératrice Charlotte. Ces bijoux, elle était fière de les avoir reçus, heureuse jadis de les porter ! mais pas un regret ne leur fût donné. « Il le faut, » dit-elle, et quelques heures après le sacrifice était fait. M⁰ Lachaud avait raison de dire qu'elle est le seul trésor que le maréchal ait rapporté du Mexique.

A travers toutes les épreuves, elle conservait une gaieté enfantine. « Allons, mon bon Villette, disait-« elle quelquefois en entrant dans la prison, il faut « faire rire le maréchal ! » Elle savait, en effet, le distraire et lui tenir lieu de tout ce qui lui était ravi.

La maison qui abritait Bazaine, avait, jusque-là, servi de demeure à un jardinier : au rez-de-chaussée, un petit parloir pavé ; deux fenêtres, et une porte ouvrant sur le jardin ; pas de rideaux, deux fauteuils, quelques chaises de paille et une table ; rien sur la cheminée, qui fumait par tous les vents. Un escalier raide et étroit conduisait, au premier étage, à un couloir plus étroit encore ; à l'extrémité de ce couloir, la chambre du maréchal : un lit qu'il partageait avec Pacco ; sol carrelé en briques rouges ; pas un bout de tapis, pas de rideaux ; une commode, un fauteuil et des chaises de paille. A coté, une chambre pour le colonel Villette, et, dans une petite pièce, également carrelée, une table et deux chaises ; c'était la salle à manger ; la cheminée, comme celle du parloir, fumait toujours.

On apportait les repas dans un de ces paniers qu'on voit entrer chez les sous-lieutenants aux arrêts. Entre des assiettes épaisses, la sauce froide coulait, et le potage, en sortant d'une marmite de ferblanc, était couvert d'une croûte de graisse à moitié gelée.

Mais le maréchal ne se préoccupait pas de tout cela, et lui parler sérieusement des privations matérielles auxquelles il était soumis l'eût même contrarié; il fallait en rire avec lui, alors qu'on avait des larmes dans les yeux. La petite maréchale apportait, dans ses poches et dans son manchon, des œufs frais qu'elle faisait cuire, et quelques friandises pour Pacco; mais, presque toujours, il les refusait en disant, comme son père: « Nous sommes très-bien ici. »

Cependant, à cette époque le maréchal n'était encore qu'un accusé, et, par conséquent, il avait droit aux égards dus à un maréchal de France. Sans aucun doute, si le chef de l'État avait connu ces détails, le régime du prisonnier eût été changé et son logement amélioré, mais Bazaine ne permit à qui que ce soit de faire, en son nom, la moindre réclamation.

Le temps marchait, et, dès le début du procès, la maréchale vit planer la mort au-dessus de Trianon. En face de son mari, elle souriait; seule, elle tremblait, pleurait, mais aussi, elle priait! Tout à coup une lueur vint briller à ses yeux, et sécher ses larmes. C'était plus que l'espérance, c'était la certitude, c'était une toute puissante promesse de l'avenir.

Si la petite maréchale a la foi d'une chrétienne, elle a aussi la superstition des Espagnoles. Née sous le soleil du Mexique, bercée par des Indiennes, elle croit à la seconde vue, aux révélations de la tombe, aux prédictions du sommeil!

Or, un mois avant l'arrêt du 10 décembre, elle rentra un soir dans son couvent forte et consolée. Elle possédait un talisman qui lui donnait le courage de regarder désormais sans terreur l'avenir.

Ce talisman, c'est une prédiction écrite que nous avons lue tout entière, au mois de novembre 1873. Elle commence ainsi :

« Il sera condamné à mort, puis enfermé dans une « île ; autour de lui, le ciel bleu, la mer ; pas d'arbres ! « Il quittera cette île au tiers du mois d'août, et..... »

Dieu seul sait si le reste de cette prédiction s'accomplira !

Mais la petite maréchale y a foi comme en Dieu même, car elle croit que c'est Dieu qui l'a dictée.

On sait avec quel calme le maréchal entendit la lecture de son arrêt. La mort qui vient vers le condamné n'a cependant pas le prestige de la mort qui apparaît au bruit du canon et à travers les nuages de feu du champ de bataille ; mais Bazaine, impassible, la regarda à Trianon comme il la regardait en Afrique, en Crimée, en Italie, au Mexique, à Gravelotte, partout enfin où, depuis quarante ans, la France a porté son drapeau ! Il dit : « Je suis prêt, qu'on me fusille ! » Et il refusa de demander une commutation de peine.

Aussi son recours en grâce, au lieu d'être signé : « Bazaine, » fût signé : « Henri d'Orléans. » Après avoir été son juge, le fils du Roi Louis-Philippe devint son défenseur ! D'un côté, il y avait le texte inflexible de la loi, et, de l'autre, la conscience des hommes !

Si cette grâce, demandée à l'unanimité par le conseil de guerre de Trianon, est la plus éloquente défense du condamné, le dévouement de ceux *qui le connaissent bien* prouve aussi que, avant tout, Bazaine est un honnête homme ! La flétrissure attachée à son nom ne sera peut-être pas éternelle ? Après lui avoir tout donné et tout ôté, la France lui rendra peut-être un jour, plus qu'elle ne lui avait donné, et plus qu'elle ne lui a ôté !

Sa femme se serait-elle attachée à lui comme un ange consolateur, aurait-elle risqué sa vie pour lui rendre la liberté, s'il ne lui inspirait pas un respect profond et une admiration sans mélange !

Villette, qu'aucun parti n'a osé attaquer, contre lequel pas une voix ne s'est élevée, aurait-il consacré à son chef sa vie sans reproche, si ce chef n'avait pas la valeur morale et la loyauté militaire sans lesquelles nul prestige ne peut exister aux yeux d'un homme tel que Villette. Villette est la vivante défense du maréchal, et sera son piédestal dans l'histoire ! Du jour où Bazaine a été attaqué Villette n'a eu ni patrie, ni famille, ni épaulette ! Il s'est donné corps et âme au prisonnier, lui faisant un rempart de son honneur incontesté !

Magnan qui, jusqu'au procès de Trianon, n'avait pensé qu'à s'amuser et à se battre, vrai Létorière de la Cour impériale, esprit charmant, cœur généreux, mais habitué à prendre la vie sous son côté le plus joyeux, Magnan, tranformé du jour au lendemain, n'a plus songé ni au plaisir, ni à l'avancement et tout ce qui lui était personnel s'est effacé devant le désir unique de défendre son maréchal !

Mornay-Soult et Gudin, dévoués comme Magnan, infatigables comme lui, travaillaient sans trêve ni repos ! Tous trois, fils et petits-fils de maréchaux de France se sont faits champions d'un maréchal accusé et condamné. Chaque jour Mornay-Soult venait de Paris à Versailles, et, tour à tour, secrétaire et conseiller, il préparait les pièces nécessaires à l'avocat, et rassemblait les faits.

Tous ceux qui ont été sous les ordres de Bazaine, qui ont vécu dans son intimité, ont dans sa loyauté la même confiance que Villette, Magnan, Mornay-Soult et Gudin, et cependant il ne sait ni se faire valoir, ni même se laisser facilement apprécier; il y a en lui une espèce de taciturnité qui voile son caractère vrai; son cœur chaleureux s'enveloppe de glace; sa résignation chrétienne, immense et absolue, se laisse prendre pour de l'indifférence. Il faut le déchiffrer.

Le maréchal s'est trouvé, à l'improviste, dans une situation fatale. A cette époque, peut-être unique dans l'histoire, les désastres se sont succédés en France comme les plaies se succédaient en Egypte : la déroute de Reischoffen d'abord; puis la capitulation de Sedan, la capitulation de Strasbourg, la capitulation de Metz; les défaites de la Loire, celles de l'armée du Nord; la capitulation de Paris; la distraction du diplomate Favre, qui jeta Bourbaki en Suisse, et enfin la capitulation de la France entière, la perte de trois départements et de cinq milliards! Puis, pour compléter cet effroyable effrondement, la Commune, les assassins, les incendiaires !

Que chacun examine sa conscience et que chacun se demande si il a été pour son pays un défenseur habile et heureux?

Ceci nous rappelle le sermon d'un prédicateur qui disait : « Il y a dans cet auditoire une femme qui « trompe son mari; je vais lui jeter ma calotte! » Vingt têtes s'inclinèrent à la fois pour se dérober au choc de la calotte !

Nous ne jetterons ni calotte ni pierre à qui que ce soit, nous en aurions trop à jeter, et nous aimons mieux supposer que chacun a cru faire son devoir, mais que Dieu les avait tous frappés d'impuissance, comme autrefois il frappa les constructeurs de la tour de Babel.

Plus tard, quand les passions seront moins ardentes, on reconnaîtra peut-être que Bazaine, comme ses autres frères d'armes, fût malheureux et non coupable ! Certains faits apparaîtront sous leur aspect véritable. N'anticipons pas sur l'avenir. Ne touchons pas à la question militaire. Le plan de Bazaine n'était pas bon puisqu'il n'a pas réussi. Après le 16 août, il ne pouvait sortir de Metz qu'en sacrifiant son armée entière ! Néanmoins, il devait sortir quand même, puisqu'il n'avait pas le droit de conserver à la France l'armée qui a repris Paris à la Commune, et l'arrêt du 10 décembre est la preuve qu'il a manqué aux lois de la guerre. Mais puisque le texte de ces lois suffisait pour le condamner, pourquoi a-t-on recherché dans sa conduite d'autres fautes et d'autres crimes : on lui a reproché d'avoir conspiré contre son pays en faisant intervenir l'Impératrice près du roi de Prusse, et le gouvernement de la défense nationale a cependant envoyé des délégués à Londres pour remercier l'Impératrice d'être intervenue, ce qui prouve qu'on ne considérait pas alors cette intervention, la seule que l'ennemi acceptait, comme une trahison.

Il n'a pas reconnu la dictature collective du 4 septembre, c'est vrai, mais cette dictature ne s'était manifestée à lui d'aucune manière, n'a été reconnue par aucune puissance, et le premier acte de la France quand, épuisée et haletante, elle a essayé de panser ses plaies, a été d'anéantir ce gouvernement de septembre, qui fut, pour nous, une honte bien plus grande que l'invasion des étrangers.

*
* *

En apprenant que le maréchal était condamné à vingt années de détention, la petite maréchale s'écria : « Vingt ans, pour moi, ce ne serait rien ; je sortirais « de là à l'âge de quarante-cinq ans, mais le maréchal « en aurait quatre-vingt-deux, et ce serait trop tard ! »

Aussi, dès la première heure, elle conçut son hardi projet ; elle avait *la prédiction* dans ses mains et l'espoir dans son cœur !

Au mois de février dernier, elle partit pour Sainte-Marguerite, où le maréchal était avec Pacco depuis le 26 décembre. Elle emmenait avec elle sa fille Eugénie, son fils Alphonse, une Mexicaine qui, après l'avoir élevée, élève ses enfants, et une gouvernante allemande ; plus une quantité énorme de caisses entourées de cordes.

En voyant installer le lit de sa sœur près du sien, Pacco dit tristement : « C'est fini, mes beaux jours « sont passés, je ne serai plus seul avec papa. »

Six pièces composaient le domaine du maréchal et de sa famille ; pour unique promenade ils avaient une terrasse de soixante pas de longueur sur trente de largeur ; cette terrasse domine à pic la Méditerranée ; on sait à quoi elle a servi. La consigne la plus sévère s'exerçait sur les prisonniers toujours gardés à vue. A partir de neuf heures du soir, ils n'avaient plus le droit de rester sur la terrasse, et on les enfermait en dépit des chaleurs horribles qu'ils supportaient pendant le jour. Toutes leurs lettres étaient ouvertes ; toutes celles qu'ils écrivaient passaient sous les yeux du directeur de la prison. Ni la maréchale, ni ses femmes ne pouvaient sortir, même dans le fort ; par conséquent, pas moyen de se procurer des aliments ; d'ailleurs, il n'y avait pas de cuisine dans le logement des prisonniers, qui étaient forcés de se nourrir à la cantine. Naturellement, le maréchal, seul, se trouvait à la charge de l'État, et pour avoir avec lui sa femme, ses trois enfants, son ancien aide-de-camp, un valet de chambre, la gouvernante et la bonne, cela lui coûtait environ dix-huit cents à deux mille francs par mois. N'ayant alors d'autre ressource que la vente des bijoux de la maréchale, ce genre d'existence ne pouvait se prolonger longtemps.

L'ordinaire fourni par la cantine était détestable. La maréchale et les enfants ne mangeaient plus que de la salade et des fruits ; tous les quatre sont arrivés à Paris dans un état de santé assez grave ; la maréchale atteinte d'une anémie complète, et les enfants maigres et méconnaissables.

Le prisonnier, quoique invisible à tous, inspirait cependant des sympathies. De Cannes, on faisait parvenir dans le fort des plantes et des fleurs ! Le maréchal avait transformé, lui-même, un buffet en autel, où, chaque dimanche, un prêtre venait dire la messe. Les mystérieux envois des amis inconnus paraient cet autel.

De jeunes anglaises venaient chaque jour, dans une barque, chanter au pied du fort. Le prisonnier n'avait même pas le droit de les saluer ; si on l'avait vu mettre la main à son chapeau, on l'eût fait rentrer à l'instant. Des bonbons arrivèrent aux enfants ; des noms étaient inscrits au fond des boîtes. Un beau jour, Villette, touché des attentions dont son maréchal était l'objet, eût l'imprudence d'aller remercier les jeunes étrangères. Cette visite de politesse et de reconnaissance a servi de prétexte pour accuser Villette d'avoir entretenu, à Cannes, de *coupables intelligences !* Cela prolongera probablement sa captivité, mais, que lui importe d'être sous les verroux ? *son maréchal* est libre !

Au mois de juin, le maréchal confia à son frère le plan conçu par la petite maréchale; il lui montra la corde et l'endroit par lequel il avait résolu de descendre, voulant tenter de s'évader comme tout prisonnier a le droit de le faire quand il n'a pas engagé sa parole.

M. Bazaine chercha d'abord à combattre son projet en lui disant qu'il avait bien des chances pour être tué avant d'arriver au pied du rocher.

« Je le sais, répondit le maréchal, mais mort ou vif « je sortirai d'ici. » Puis montrant à son frère la petite maréchale qui, à l'extrémité opposée de la terrasse, jouait avec ses enfants, il ajouta : « Si on avait exécuté « la sentence qui me condamnait à mort, l'avenir se « rouvrait devant ma femme devenue libre. Elle se « serait souvenue de moi pendant quelques années, « puis elle pouvait se remarier. On m'a forcé à vivre, « mais Pépita ne doit pas être enterrée vivante. »

M. Bazaine ne trouva pas un mot à répondre, et il mesura seulement, en frémissant, la profondeur du précipice. Le maréchal reprit en souriant : « Bah! « quand nous étions jeunes, nous étions forts en gym- « nastique, tu dois t'en souvenir ! »

Du haut du rempart, Pacco regardait aussi les vagues se briser contre les rochers, et il disait : « Je des- « cendrai par là avec papa, je ne veux pas le quitter.»

La maréchale quitta l'île Sainte-Marguërite au commencement de juillet, emmenant avec elle ses deux plus jeunes enfants. Quinze jours après, le maréchal se séparait de son fils aîné, sous prétexte que la chaleur altérait sa santé.

Mais il fallut employer la force pour détacher l'enfant de son père ; il se cramponnait aux vêtements du maréchal, et ses petites mains crispées ne voulaient pas s'ouvrir ! Malgré son désespoir violent, convulsif, pas une parole imprudente ne s'échappa de ses lèvres ; à travers ses sanglots, au milieu d'une crise nerveuse, il sut garder son secret, car le gouverneur du fort était là !

Arrivé à Paris, rien ne pût ni le calmer, ni le distraire ; des rêves troublaient son sommeil et des pleurs coulaient de ses yeux, alors qu'il semblait dormir. Sans cesse il croyait voir son père suspendu au bout d'une corde entre le ciel et la mer !

Depuis la captivité du maréchal, Pacco avait pris l'habitude de n'obéir qu'à lui ; il disait que sa mère était trop jeune pour commander ; elle riait et ne revendiquait aucune autorité ; mais, depuis qu'il l'a vue préparer l'évasion, elle a reconquis ses droits, et il la regarde avec amour et reconnaissance.

Il obéit aussi à celui qui a délivré son père, à Antonio Alvarez de Rul !

Antonio a vingt ans ! fils d'une cousine germaine de la maréchale, il lui ressemble d'une manière frappante quoiqu'elle soit beaucoup plus jolie qu'il n'est beau. Comme elle, il a le type espagnol très-accentué : teint mat, chairs profondes, regard d'une énergie invincible, grande bouche et dents à l'avant-garde : elles ont l'air de se mettre au balcon quand il parle.

Il était venu pour la première fois en France, à l'époque où le maréchal commandait à Nancy. Orphelin, très-riche, complétement indiscipliné, d'un caractère aventureux, il avait glissé, à l'âge de quinze ans, entre les doigts de son tuteur, et s'était échappé du Mexique.

Débarqué à Saint-Nazaire, il s'arrêta à Nantes, d'abord, puis à Paris où il dépensa plusieurs milliers de piastres. Le maréchal, informé, le fit venir à Nancy, et, quelques mois après, trouvant une occasion sûre, il le retourna au Mexique.

C'est cet enfant, à demi-sauvage, mais hardi, dévoué, généreux, entreprenant, qui est revenu cinq ans après jouer auprès de sa jeune tante le rôle de frère et de protecteur.

Au mois de février, Antonio Alvarez de Rul avait conduit la maréchale à l'île Sainte-Marguerite; il retourna quelque temps après à Cannes, et sous prétexte de s'amuser, il ramait chaque jour avec les pêcheurs de la côte.

A son arrivée à Paris, au commencement de juillet, la maréchale nous avait confié son plan, et elle l'a exécuté tel qu'elle l'avait conçu.

Ici c'est à elle que nous laissons la parole :

*   *

RÉCIT DE LA MARÉCHALE BAZAINE

Publié par *le Figaro*, le 19 août.

« Je voyais avec douleur, depuis un certain temps, que la santé de mon mari allait en s'affaiblissant, sous l'influence de la prison et de l'ennui. Un jour, je le priai, je le suppliai, presqu'à genoux, de me laisser partir pour Paris faire une démarche personnelle auprès du maréchal Mac-Mahon.

« Il y consentit, non sans beaucoup de difficultés.

« Je vins donc à Paris. Ma démarche se fit exactement comme vous l'avez rapporté dans *le Figaro*. Le maréchal fut assez froid à mon égard.

« Je lui rappelai que mon mari avait été son cama-

rade, son chef, et qu'il avait glorieusement porté l'é-
paulette française pendant quarante-deux ans. Je lui
dis que, s'il avait le droit de le fusiller, il n'avait pas
le droit de le torturer moralement pour le reste de ses
jours.

« Mon beau-frère était avec moi. Il ajouta, qu'en
venant joindre sa voix à la mienne, il remplissait une
promesse solennelle faite à Cannes, au lit de mort de
sa femme, tuée par toutes ces douleurs.

« Le maréchal Mac-Mahon resta inébranlable. Il se
borna à nous dire qu'il comprenait bien notre demande, mais qu'il ne pouvait rien, qu'il nous laissait
cependant l'espoir.

— L'espoir, lui répondis-je, appartient à Dieu, et il
le donne à tout le monde.

« J'avais dit à mon mari que, dans le cas où j'é-
chouerais à Versailles, il devait, au nom de ses enfants,
se déterminer à l'évasion. Et, pour lui apprendre le
résultat de mes démarches, nous étions convenus que,
si je lui écrivais : *je suis contente,* cela signifierait que
je n'avais pas réussi.

« Voici comment je communiquais avec mon mari.
J'écrivais avec de l'encre sympathique à l'intérieur de
l'enveloppe cachetée. Le directeur se contentait de
couper la partie supérieure de l'enveloppe, retirait la
lettre, la lisait et la remettait dans l'enveloppe, pour la
donner à mon mari. Celui-ci n'avait plus qu'à décoller
le papier, et à le chauffer avec de la bougie, pour faire
ressortir ce que j'avais écrit.

« J'écrivis donc au maréchal Bazaine que j'allais
partir pour Spa, afin de donner le change, puis que
j'irais à Gênes frêter un petit bateau, pour le chercher
à l'île Sainte-Marguerite. Je lui disais de s'occuper de

tous ses préparatifs, de bien faire attention tous les soirs à partir du 3o juillet, et de regarder, à sept heures, vers le golfe Juan. S'il apercevait un petit bateau, d'où l'on ferait des signes, il saurait ce que cela voulait dire, et essaierait de sortir de sa prison.

« Il n'y avait pas de jour fixé à l'avance. Le petit bateau viendrait tous les soirs, jusqu'à ce que le maréchal ait pu nous rejoindre.

« Sur cela, je vins à Spa. J'y trouvai mon neveu, M. de Rul, et je lui communiquai mon projet.

« M. de Rul est un jeune homme dont je connaissais le caractère et l'énergie. Il a de la fortune ; il est indépendant ; sa situation lui permettait donc d'affronter une entreprise comme celle-là.

« Il y consentit en effet, mais j'y mis une condition, c'était que nous ferions tout par nous-mêmes, que nous ne prendrions personne, pas même un matelot pour conduire la barque qui servirait à l'évasion.

« J'installai mes enfants dans cet hôtel, et je partis avec mon neveu pour Gênes.

« Là, nous louâmes un bateau à la Compagnie Peirano Danovaro. Le prix était de mille francs par jour, à la condition que le bateau serait à notre entière disposition, la nuit, le jour, qu'il irait partout où nous voudrions, et que surtout il ne prendrait aucun passager.

« Le samedi matin, 8 août, à cinq heures, ayant couché à bord, nous partîmes du port de Gênes.

« Nous arrivons à Port-Maurice. Des agents de la Compagnie nous proposèrent de nous conduire à la tour de l'église, d'où l'on aperçoit un magnifique panorama. Nous acceptâmes. Je me souviens en ce moment d'avoir inscrit sur les murs de la tour mon

petit nom de *Josefa*, celui dont je signe habituelle-
ment mes lettres.

« Le soir nous revînmes à bord, extrêmement fati-
gués. Depuis la veille déjà, le temps était épouvan-
table sur la mer.

« Le dimanche matin, à huit heures, nous partîmes
pour San-Remo. Nous étions tous les deux malades à
mourir du mal de mer. Je souffrais tellement, pour
ma part, que je dus me faire descendre sur la plage.
Arrivée là, défaillante, désespérée, je me mis à pleurer
comme une enfant.

« Je n'avais pas mangé depuis la veille, à cause de ce
maudit mal de mer. La seule chose que j'avais pu prendre était quelques morceaux de glace qu'on me mettait
de temps à autre dans la bouche.

« On me conduisit à l'hôtel de San-Remo. Je me cou-
chai et je pus dormir quelques heures.

« Enfin, à trois heures de l'après-midi, je repartis,
avec mon neveu, de San-Remo. Nous étions parfaitement décidés à tenter ce soir-là notre entreprise. C'é-
tait dimanche. Il y avait moins de barques de pêcheurs
à la mer que durant la semaine. C'était une chance
de plus pour nous.

« A sept heures, nous étions dans le golfe Juan.

« Il ne faut pas oublier que le capitaine de notre bateau ne savait absolument rien. Je lui dis, sans avoir l'air
d'y attacher de l'importance, que nous étions un jeune
ménage dans la lune de miel et que nous avions passé
l'hiver à Cannes. Je lui montrai même du doigt, au hasard, sur la côte, une villa, en lui disant : « Tenez,
c'est là où nous habitions. »

« J'ajoutai que nous allions y chercher un vieux domestique, et peut-être aussi une cuisinière. A cet effet,

je fis viser par le capitaine une patente pour deux per-
sonnes de plus à mon service. J'indiquai Nice comme
direction, afin de ne donner lieu à aucun soupçon.

« Quand la patente fut réglée, nous demandâmes au
capitaine le canot du bord, avec deux matelots. Ils
nous conduisirent sur la côte, un peu avant d'arriver
à la pointe de Croizette, du côté du golfe Juan.
Nous les avons laissés dans un endroit que je me rappelle parfaitement, à cause d'un petit escalier qui sert
au débarquement.

« Nous tenions à nous débarrasser de ces deux matelots, pour rester fidèles à notre plan, qui était de ne
compromettre absolument personne.

« Cependant, nous ne nous préoccupions pas trop de
chercher une autre barque, parce que nous nous di-
sions : S'il le faut absolument, nous nous servirons de
ces gens-là.

« Nous fîmes une petite promenade sur la côte, de-
mandant la route, parce que nous ne connaissions pas
le pays.

« Nous aperçumes une femme dans un jardin.

« — Bonne femme, lui criai-je, avez-vous une
barque à nous louer?

« Elle nous répondit qu'elle en avait une, mais
qu'elle ne voulait pas nous la louer.

« Plus loin, un homme à qui nous fîmes la même
question, nous dit : Oui, mais à la condition que vous
preniez un marin avec vous.

» Cela ne pouvait nous convenir. Nous discutions
avec lui, lui disant que nous ne voulions pas nous
éloigner de la côte, que nous savions conduire. Il refusait toujours. A la fin, je tire un louis de ma poche, et
je prie mon homme d'aller me chercher de la monnaie.

» Pendant qu'il courait, nous sautons dans la barque et nous filons le plus rapidement possible, sans attendre sa permission.

« Rul se mit à ramer, tournant le dos au fort Sainte-Marguerite. Moi, au contraire, je lui faisais face.

» Mon neveu ne savait pas très-bien ramer ; moi, je ne le sais pas du tout. Aussi, au bout d'une minute, j'avais déjà mêlé mes rames avec les siennes, ramant à contre sens, si bien que le bateau allait tout de travers, et que nous avions toutes les peines du monde à avancer dans la direction du fort.

» Rul me dit de ne garder qu'une seule rame ; de cette façon je réussis à moins contrarier son mouvement.

» Nous arrivons en face de l'île. Il y avait de la lumière dans la petite maison qui est située au bas de l'escalier du fort. Tout à coup voilà cette lumière qui s'éteint.

» — Nous sommes perdus, m'écriai-je ! On nous aura reconnus, et on éteint la lumière pour venir à nous.

» Rul me tranquillisa comme il put. Il faisait tellement noir que nous ne voyions plus de quel coté du fort nous nous trouvions.

» Avec cela, des marins novices, comme nous deux, ne faisaient pas beaucoup de chemin. Nous mîmes deux heures pour parcourir un espace de douze cents mêtres à peine.

» Il pouvait être dix heures moins un quart, quand nous arrivâmes au pied du fort.

» Par où aborder ? Nous ne le savions guère. Enfin, je distinguai la guérite du coin de la terrasse, et je dis à Rul :

» — Voici le côté du golfe Juan. C'est sur la gauche que nous devons nous diriger.

» Nous approchons des rochers. Je relève la tête, et, en voyant leur hauteur effrayante, je me pris à désespérer de notre entreprise, et j'éclatai en sanglots.

« — Je suis une folle ! m'écriai-je ; je vais compromettre inutilement la vie de mon pauvre mari. Mon Dieu ! que je suis malheureuse !

« Rul, lui, ne perdit pas un seul instant son sang-froid.

« — Remettez-vous, Josefa, me disait-il. Nous ne pouvons pas rester là. La mer va nous briser sur les rochers. Ramons donc de toutes nos forces.

» En effet, la barque allait au hasard, ballottée par les vagues. Je ne comprends pas encore aujourd'hui comment nous pûmes sortir de là.

« Tout à coup, nous entendons un petit bruit sec.

« — Entendez-vous ? me dit Rul.

« — Oui !

« — Je suis sûr qu'il descend.

« Une seconde après, nouveau bruit. On dirait d'un corps qui glisse. Il nous semble entendre une corde remuer et frapper sur les rochers.

« Enfin, j'aperçois, malgré l'obscurité, une grosse masse descendre lentement le long du fort.

« Vite, je tire une allumette de ma poche, et je l'allume devant ma figure, afin qu'on puisse me reconnaître.

« Le maréchal vit la lueur, et me répondit en faisant partir, lui aussi, une allumette. Il était encore à une grande hauteur, et j'étais tellement terrifiée, que je me dis encore, mais en moi-même cette fois :

« — Il ne pourra jamais arriver au bas.

« Enfin, nous ramons, nous ramons, nous approchons autant que nous pouvons.

« J'entendais alors distinctement le bruit d'un frôlement sur la corde. J'avais les yeux fixés sur le maréchal que je voyais descendre, lorsque, tout à coup, il me semble qu'il disparaît entre deux énormes pierres.

« Cette fois, je crus tout fini : je regardai Rul et je m'écriai en espagnol :

« — *Se mato* (il s'est tué).

« Je ne sais ce qui se passa dans l'instant qui suivit.

« Quant je revins au sentiment de la situation, je vis le maréchal dans l'eau, tantôt nageant, tantôt se cramponnant aux roches. Rul lui jeta la corde qui se trouvait dans la barque. Le maréchal la saisit, et put approcher un peu. Mais comme il perdait ses forces, et qu'il se soutenait à la corde pour ne pas être entraîné par les vagues, nous crûmes que son poids allait faire chavirer la barque. Ce fut un moment horrible. Je me plaçai du côté opposé pour faire contre-poids.

« Enfin Rul put saisir le maréchal, l'enlever et le jeter dans la barque. Le maréchal y roula plus qu'il n'y entra.

« Son premier mot fut celui-ci :

— Ah ! mes enfants ! comme vous m'êtes dévoués !

« L'émotion l'empêcha d'en dire davatage.

« Ce n'était pas, d'ailleurs, le moment de s'épancher Il fallait partir au plus tôt. Le maréchal et Rul prirent chacun une rame et dirigèrent la barque dans la direction de l'endroit où nous avions laissé les deux matelots italiens.

« Ignorant l'endroit précis où ils étaient, nous longeons la côte avec d'énormes difficultés. Le maréchal n'avait plus la force de ramer. Il perdit même une rame sur un rocher. Enfin, nous accostons, et nous trouvons les matelots, fort inquiets de nous.

« Nous leur racontons que nous les avons perdus et que nous les avons longtemps cherchés.

— Mon neveu et mon domestique ont ramé, ajoutai-je, et moi, je tenais le gouvernail.

« Les matelots ne nous firent, du reste, aucune question. Ils tirèrent notre barque sur le bord de la mer, et nous partîmes tous dans leur canot pour rejoindre *le Ricasoli*.

« Il était minuit et demi ou une heure moins un quart lorsque nous nous retrouvâmes sur son bord. Tout le monde dormait, excepté le contre-maître.

« Rul alla réveiller le capitaine, et lui dit :

« Nous avons changé d'idée. Nous voulons aller à Gênes au lieu d'aller à Nice, afin de demander à la Compagnie la permission d'aller à Naples.

« Le capitaine répondit :

— Ma patente est pour Nice. Je ne puis pas aller à Gênes.

« Une discussion assez vive s'engagea alors entre nous et lui.

— La Compagnie vous a mis à notre disposition, lui dis-je. Il faut que vous exécutiez nos ordres.

« Ce langage formel décida le capitaine à obéir. Il mit le cap sur Gênes. Il était une heure.

« Au moment de rentrer dans nos cabines, je dis légèrement au capitaine :

« — Je vous recommande le vieux domestique que je viens d'amener.

« Vers onze heures nous étions arrivés à Gênes.

« Au moment de débarquer, je remis au maréchal

mon manteau, un sac de voyage et une petite malle, en lui disant :

« — Tenez, Pierre, prenez tout cela.

« Le capitaine m'entendit et n'eut pas le moindre soupçon sur la qualité de mon vieux Pierre.

« Nous prîmes un léger déjeuner à l'hôtel des Quatre-Nations, puis nous partîmes, le même jour, pour Milan. Nous avons passé la nuit du lundi au mardi à l'hôtel de la Grande-Bretagne.

« Mardi, nous étions à Côme. Nous traversons le lac sur un bateau à vapeur ; nous débarquons à Colico, d'où une voiture nous conduisit à Chiavenna. Pour passer le Splügen, nous prîmes trois places dans le coupé de la diligence. Enfin, nous arrivons à Coire, et de là, par le chemin de fer, à Constance.

« Bien que le maréchal n'eût pas gardé son rôle de vieux domestique depuis Gênes, il n'avait encore été reconnu par personne. C'est à Constance, seulement, en descendant de chemin de fer, que son incognito fut découvert. Tout le monde le salua, du reste, avec beaucoup de respect.

« En passant à Constance, nous voulûmes rendre une visite à l'Impératrice et au Prince Impérial, qui se trouvaient à Arenenberg, tout près de là.

« Cette visite fut très-courte. C'était une simple visite de politesse, où le cœur était tout et la politique rien. Le maréchal resta donc sur la plus grande réserve.

« Enfin, vendredi soir, nous sommes arrivés à Cologne, où mon mari se trouve encore aujourd'hui, à l'hôtel du Nord. Nous n'avons point encore décidé l'endroit où nous nous retirerons. »

Revenant sur ce qui s'est passé dans le fort, la maréchale continue :

« J'avais moi-même apporté au Maréchal, dans sa prison, une ceinture avec un crochet en fer, pour qu'il pût l'accrocher à sa corde et se soutenir ainsi plus facilement en l'air.

« Sa corde, longue de 27 mètres, était préparée depuis plusieurs jours. Elle était faite avec les ficelles qui entouraient nos malles ; nous en avions mis naturellement le plus possible.

« Le maréchal, prévenu comme je vous l'ai dit, regardait tous les soirs, à sept heures, vers le golfe Juan.

« Aussitôt qu'il nous eût aperçus, dans la soirée de dimanche, il alla attacher sa corde à l'endroit préparé d'avance par lui.

« Il y avait, dans le mur de la terrasse, une gargouille dont le maréchal avait nettoyé le conduit avec les pointes de son râteau de jardinage. Il y passa la corde et attacha le bout à une barre de fer placée en travers de la gargouille et recouverte de terre.

« Pendant ce temps, M. Marchi, directeur de la prison, était en train de dîner. Il vint, ensuite, se promener avec le maréchal et le colonel Villette ; on causa tranquillement.

« Vers dix heures moins un quart, le maréchal dit :

« — Je suis un peu fatigué. Je me coucherai ce soir de meilleure heure.

« Puis il salua le colonel Villette et M. Marchi, en leur disant : bonsoir.

« Le directeur rentra dans ses appartements, persuadé que le maréchal rentrait aussi dans les siens. Mais ce dernier, mettant la main sur le petit banc vert de la terrasse, auprès duquel il se trouvait, l'enjamba, et gagna, à quatre pattes, le bord opposé de la terrasse où était la corde.

« Il était temps, car , à dix heures , le factionnaire de nuit devait arriver, et, dès lors, l'évasion était impossible.

« Quand le gardien vint pour tirer le verrou extérieur de la chambre du maréchal, il crut évidemment que ce dernier était déjà rentré et peut-être couché. Il ne s'en inquiéta pas davantage.

« Le maréchal me dit, plus tard, qu'il avait été réellement effrayé, quand il regarda le gouffre au-dessus duquel il planait. A une certaine distance, la corde n'était déjà plus tendue par le poids de son corps. Le vent le ballottait, le poussait à droite et à gauche, contre les rochers et les broussailles. Aussi arriva-t-il en bas, couvert de contusions et les mains en sang. Ses vêtements étaient déchirés ; son pantalon, en particulier, n'était plus qu'une loque. Nous l'avons emporté ici comme souvenir.

« La ceinture à crochet que je lui avais fournie lui fut très-utile. Elle lui permit, en particulier, de se tenir un instant suspendu par une seule main, et de chercher, dans la poche de son gilet, une petite boîte d'allumettes, pour répondre à mon signal.

« Le maréchal me disait à Gênes : Je ne recommencerai jamais une pareille opération, quand même je devrais terminer ma vie en prison.

« J'avais oublié un détail. Vous savez que je suis un peu superstitieuse, comme toutes les Mexicaines. Je portais, dimanche soir, à mon cou , un collier de grosses graines d'ambre. Je dis à mon mari, en arrivant à Gênes:

« — Je donnerai ce collier à ma fille, pour qu'elle le porte toute sa vie. Je suis sûre qu'il lui portera bonheur. C'est le collier que vous pouvez voir au cou de ma petite Eugénie. »

Ceux qui ne connaissent pas l'héroïque petite maréchale pourraient croire qu'elle a reçu une de ces éducations qui préparent une femme aux luttes de la vie et lui apprennent à braver les dangers ; mais Pepita de la Peña a grandi, au contraire, à l'abri de tout péril, sous la garde anxieuse d'une mère qui n'avait plus qu'elle seule au monde.

Le courage qu'elle a montré n'est donc le résultat ni de son éducation, ni même de sa nature ; elle l'a puisé tout entier dans son cœur et dans la volonté immuable de sauver son mari. En faisant ce qu'elle a fait, elle croit n'avoir accompli que le plus strict devoir, et à tous ceux qui, désormais, s'inclineront devant elle, elle répondra par ce rire joyeux qui est l'écho de son âme.

Le trajet que viennent de faire, à travers trois pays différents, les deux fugitifs, a été marqué à chaque station par les preuves les plus éclatantes de respect et de sympathie !

Partout où le maréchal Bazaine a été reconnu, on a fait, chapeau bas, la haie sur son passage ; dans toutes les gares, employés et voyageurs s'inclinaient devant lui ; personne ne montait en wagon avant qu'il fût lui-même installé, et la maréchale voyageait au milieu d'un bosquet de fleurs, car, dans toutes les villes où elle a séjourné, elle a reçu lettres, visites et bouquets ; chacun tenait à honneur de serrer la main de Bazaine, ou pour mieux dire ses deux mains encore ensanglantées, qui ont été tellement abîmées qu'à l'heure qu'il est, il ne peut encore rien toucher sans que le sang sorte par les ongles.

A côté de ces manifestations consolantes pour celui qui, dans son pays, n'est même plus un citoyen, le maréchal trouve dans sa famille un attachement que le malheur seul peut grandir à ce point. Du jour où il a été accusé son frère est devenu la moitié de lui-même, s'identifiant à tout ce qui le frappait, et toujours debout, à côté de lui, pour parer les coups ou les partager.

Sa belle-sœur est morte à Cannes ; la douleur qu'elle a ressenti en voyant l'existence à laquelle il était condamné a développé le germe d'une maladie qui l'a emportée en quelques jours.

Ses neveux, vaillants soldats, qu'il traitait en camarades, sont pour lui des fils dévoués. Tous ont eu la mémoire du cœur, et après avoir partagé l'illustration du maréchal de France, dont la gloire jetait ses reflets sur eux, ils se sont faits solidaires du condamné.

Maintenant, l'avenir est là ! Et comme l'a dit la maréchale Bazaine, c'est Dieu seul qui donne l'espoir, et il le donne à tous !

AYMAR DE FLAGY.

www.ingramcontent.com/pod-product-compliance
Lightning Source LLC
Chambersburg PA
CBHW070826160726
PP18578800001B/43